BEI GRIN MACHT SICH IHR WISSEN BEZAHLT

Sportanlagen- und Sportstättenmanagement. Ein Überblick über Bau, Finanzierung und Vermarktung

Christian Bürkel

Bibliografische Information der Deutschen Nationalbibliothek:

Die Deutsche Nationalbibliothek verzeichnet diese Publikation in der Deutschen Nationalbibliografie; detaillierte bibliografische Daten sind im Internet über http://dnb.d-nb.de abrufbar.

ISBN: 9783346304391
Dieses Buch ist auch als E-Book erhältlich.

Druck und Bindung: Books on Demand GmbH, Norderstedt Germany
Gedruckt auf säurefreiem Papier aus verantwortungsvollen Quellen

Das vorliegende Werk wurde sorgfältig erarbeitet. Dennoch übernehmen Autoren und Verlag für die Richtigkeit von Angaben, Hinweisen, Links und Ratschlägen sowie eventuelle Druckfehler keine Haftung.

Das Buch bei GRIN: https://www.grin.com/document/957998

Deutsche Hochschule für

Prävention und Gesundheitsmanagement

Hermann Neuberger Sportschule 3

66123 Saarbrücken

Einsendeaufgabe

Fachmodul:	Sportanlagen- und Sportstättenmanagement
Studiengang:	BSÖ
Datum Präsenzphase:	25.05. – 28.05.2020
Name, Vorname:	Bürkel, Christian
Studienort:	**Saarbrücken**
Semester:	**Wintersemester 2017**

Inhaltsverzeichnis

1 SPORTANLAGEN- UND SPORTSTÄTTENBAU 3

1.1 PLANNET-Diagramm 4

1.2 Netzplantechnik 4

1.3 Zusammenfassung 4

2 KOMMUNALE SPORTENTWICKLUNGSPLANUNG 5

2.1 Grundformel zur Berechnung des Sportstättenbedarfs 5

2.2 Berechnung des Sportstättenbedarfs 6

2.3 Berechnung des Sportbedarfs 6

2.4 Berechnung des Auslastungsfaktors 6

2.5 Förderinteressenten 6

3 FINANZIERUNG UND BETRIEB VON SPORTANLAGEN 8

3.1 Investition und Finanzierung 8

3.2 Auslastungsanalyse einer Sportanlage 10

3.3 Auslastungsoptimierung 11

3.4 Nachhaltigkeit von Sportstätten 13

4 DIGITALE VERMARKTUNG VON SPORTANLAGEN UND
SPORTSTÄTTEN 15

5 LITERATURVERZEICHNIS 18

6 ABBILDUNGS- UND TABELLENVERZEICHNIS 18

6.1 Abbildungsverzeichnis 18

6.2 Tabellenverzeichnis 18

1 Sportanlagen- und Sportstättenbau

Im ersten Schritt werden die Phasen des Sportstättenbaus in eine logische und aufeinander aufbauende Reihenfolge gebracht.

Tab. 1: Darstellung der Bauphasen (eigene Darstellung)

Phase		Dauer (in Monaten)	Folgt auf	Gefolgt von
A	Markt- und Bedarfsanalyse	2		B,C
B	Standortwahl	1	A	D
C	Sportverhaltens- und Nutzeranalyse	3	A	D
D	Raumprogramm und Funktionsanalyse	1	B,C	E
E	Konzeptualisierung mit Kostenschätzung und Betriebskosten-analyse	4	D	F
F	Machbarkeit und Finanzierung klären	6	E	G
G	Planung und Festlegung der Baudetails	8	F	H
H	Realisierung des Baus	14	G	I
I	Betrieb der Sporthalle	>12	H	

1.1 PLANNET-Diagramm

Folgende Abbildung zeigt die Darstellung des Plannet-Diagramms.

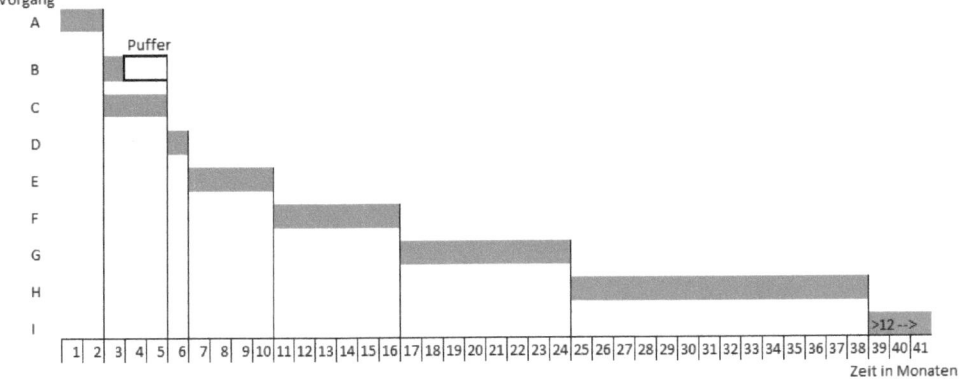

Abb. 1: Plannet-Diagramm

1.2 Netzplantechnik

Folgende Abbildung zeigt den Ablauf nach der Netzplantechnik.

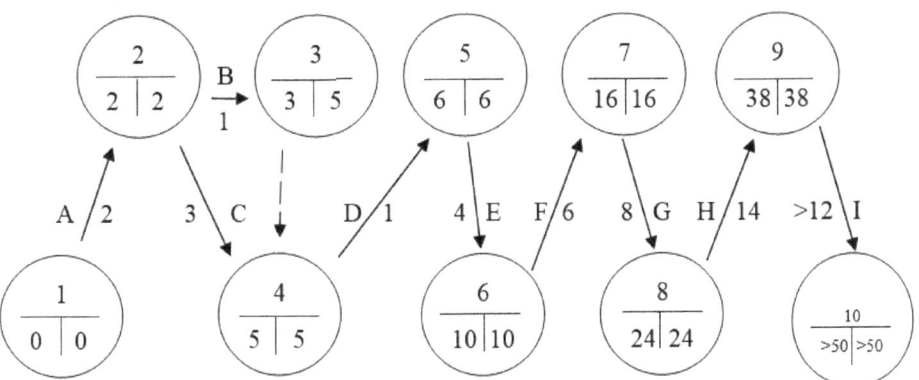

Abb. 2: Ablaufplan nach der Netzplantechnik

1.3 Zusammenfassung

Betrachtet man die Netzplantechnik und das PLANNET-Diagramm, lässt sich feststellen, dass der Betrieb der Sportanlage frühestens nach 38 Monaten aufgenommen werden kann.

2 Kommunale Sportentwicklungsplanung

2.1 Grundformel zur Berechnung des Sportstättenbedarfs

Die Grundformel zur Berechnung des Sportstättenbedarfs lautet (Bundesinstitut für Sportwissenschaft, 2000):

$$\text{Sportstättenbedarf} = \frac{\text{Sportbedarf x Zuordnungsfaktor}}{\text{Belegungsdichte x Nutzungsdauer x Auslastungsfaktor}}$$

Der Faktor Sportbedarf wird aus drei Bestandteilen zusammengefasst. Sportler, Häufigkeit und Dauer bilden dieses Produkt. Der Bestandteil Sportler ist jedoch ebenfalls ein Produkt und wird aus Einwohner, Aktivenquote und Präferenzrate zusammengesetzt. Es werden alle Sportler berücksichtigt, die aktiv eine Sportart im Verein ausüben. Die Häufigkeit beschreibt die Anzahl der Trainingseinheiten pro Woche, die Dauer stellt die Zeitspanne der Trainingseinheit dar.

Die Einwohner stellen die Anzahl der Einwohner einer Stadt dar, die Aktivenquote den Anteil der Stadt, die sich sportlich betätigen und die Präferenzrate zeigt den Anteil aller sportlich aktiven Einwohner einer Stadt, die eine bestimmte Sportart ausüben. Die Sportler sind somit alle sportlich aktiven Einwohner, die einer Hauptsportart nachgehen. Der Sportbedarf ist entsprechend der Gesamtumfang aller Sportaktivitäten einer bestimmten Sportart, also die Stunden der Sportler pro Woche. Der Anteil der Sportaktivitäten einer bestimmten Sportart innerhalb einer bestimmten Sportanlagenart wird als Zuordnungsfaktor dargestellt. Die Anzahl der Sportler einer bestimmten Sportart, die gleichzeitig auf einer Sportanlage Sport ausüben können wird durch die Belegungsdichte aufgezeigt. Hier wird wie folgt gemessen: Sportler pro Anlageneinheit. Bei der Nutzungsdauer wird der zeitliche Umfang, in welcher eine Sportanlage für Sportzwecke pro Woche genutzt werden kann dargestellt. Der Auslastungsfaktor spiegelt das Verhältnis von tatsächlicher und maximaler Auslastung wieder. (Hübner & Wulf, 2008, S.10-11). Anhand des Sportstättenbedarfs kann somit kalkuliert werden um die Sportnachfrage bestmöglich abzudecken.

2.2 Berechnung des Sportstättenbedarfs

Mit der bei 2.1. genannten Grundformel kann der Sportbedarf und der Auslastungsfaktor berechnet werden.

2.3 Berechnung des Sportbedarfs

Sportbedarf = (Sportler x Häufigkeit x Dauer)

Sportbedarf = 24.000 x 1,5 x 1,8

Sportbedarf = 64.800

Der Sportbedarf der Stadt Mannheim beträgt 64.800 Sportlerstunden.

2.4 Berechnung des Auslastungsfaktors

Um den Auslastungsfaktor berechnen zu können, muss die Formel umgestellt werden.

Auslastungsfaktor = (Sportbedarf x Zuordnungsfaktor) / (Belastungsdichte x Nutzungsdauer x Sportstättenbedarf)

Auslastungsfaktor = (64.800 x 0,5) / (25 x 30 x 70)

Auslastungsfaktor = 0,617

Der Auslastungsfaktor beträgt 0,617.

2.5 Förderinteressenten

„Während die Bundesregierung ausschließlich den Breitensport fördert, besitzen die Bundesländer und Kommunen lediglich Förderinteressen am Spitzensport." Ist eine sehr gewagte Aussage. Betrachtet man die Fördermittel und auch die jeweiligen Förderrichtlinien, angefangen vom Deutschen Olympischen Sportbund und den einzelnen Landessportbünden in der Bundesrepublik Deutschland, müsste diese Aussage vermutlich umgedreht werden.

Leistungssport in Deutschland heißt, dass das Land international repräsentiert wird. Es werden somit Bundes- und Haushaltmittel von den Ministerien für Sport bewilligt um den Leistungssport und Nachwuchsleistungssport zu fördern. Somit haben die Bundesländer die Möglichkeit Athletinnen und Athleten zu fördern. Ebenso müssen im Nachwuchs pädagogische, entwicklungspsychologische und medizinische Faktoren berücksichtigt werden und diese Grundsätze dürfen auch durch das Streben nach größtmöglichem Erfolg nicht außer Kraft gesetzt werden. Somit versuchen die Bundesländer in Zusammenarbeit mit der Landesregierung vielversprechende Entwicklungen einzuleiten. Es werden durch Olympiastützpunkte, Trainerfort- und Weiterbildungen, Sportstätten und Sportschulen optimale Trainings- und Wettkampfbedingungen für die Athletinnen und Athleten gestaltet.

Allerdings gibt es auch Förderungen des Bundes für den Breitensport (BMI, 2018a). Allerdings sollen die Organisationen im Sport zunächst Eigenmittel ausschöpfen, bevor eine weitere Förderung gewährleistet werden kann. Betrachtet man die Förderung des Breitensports als gesamtstaatliche Aufgabe, wird diese größtenteils durch Kommunen und Länder getragen.

Die Kommunen und Länder müssen diesen Zwiespalt bestmöglich umsetzen. Zum einen spielen soziale Aspekte eine zentrale Rolle. Inklusion, Integration, Kinder- und Jugendförderung im Sport sind zentrale Faktoren, die zu jederzeit im organisierten Sport betrachtet und berücksichtigt werden müssen. Der Breitensport muss für jeden Menschen zugänglich gemacht werden. Zuletzt werden vermehrt Programme wie „Integration durch Sport" bundesweiter gefördert und auch finanziert. Der Breitensport stellt außerdem die Basis für einen möglichen Leistungssportler dar. Im organisierten Sport übernehmen die Sportjugenden die sozialen und pädagogischen Aspekte. Ferienfreizeiten, Kooperationen mit Schulen und Kindergärten sind zentrale Faktoren des sozialen Miteinanders im Sport. Die Dachverbände unterstützen die Fachverbände und Vereine um langfristig so viele Menschen wie möglich an den Sport zu binden und sie zu einem gesunden und auch aktiven Lebensstil zu bringen. Vereine sind hier der Schlüssel zum Erfolg. Hier gibt es Breiten- und Gesundheitssport, aber auch Leistungs- und Wettkampfsport, somit müssen Kommunen und Länder die Vereine unterstützen, Hilfe anbieten und diese fördern. Die Vereine sind auf Förderungen angewiesen, da ein Großteil der Vereine ohne wirtschaftlichen Geschäftsbetrieb agieren.

Somit lässt sich zusammenfassend sagen, dass die oben genannte Aussage sehr kritisch betrachtet wird. Bund, Länder und Kommunen arbeiten im Bereich der Sportentwicklung und Sportförderung eng zusammen. Die Umsetzung im organisierten Sport erfolgt vom Dachverband direkt an die Fachverbände, Vereine und somit kann man ableiten, dass der Bund aufgrund repräsentativen Aspekten im Fokus eher den Leistungssport hat und die Länder und Kommunen eher den Breitensport im Hinblick auf das soziale Miteinander den Breitensport im Fokus haben. Fakt ist, dass die Interessen und Ziele nur miteinander verfolgt und umgesetzt werden können und hier sowohl Bund als auch Länder nur gemeinsam voneinander profitieren können.

3 Finanzierung und Betrieb von Sportanlagen

3.1 Investition und Finanzierung

Im ersten Schritt werden die Einnahmen der Sponsoring-Verträge von 60.000€ brutto auf den Nettobetrag gerechnet:

60.000€ / 1,19 = 50.420,17€

Die Nettoeinnahmen werden im zweiten Schritt mit dem Faktor 1,15 multipliziert, da annahmegemäß die Einnahmen um 15% steigen. Folgende Tabelle zeigt die nächsten 5 Jahren.

Tab. 2: Einnahmen durch Sponsoring-Verträge (eigene Darstellung)

Jahr	Erhöhung pro Jahr (15%)	Einnahmen gesamt
1		50.420,17 €
2	7.563,03 €	57.983,19 €
3	8.697,48 €	66.680,67 €
4	10.002,10 €	76.682,77 €
5	11.502,42 €	88.185,19 €

Bei den Betriebs- und Instandhaltungskosten steigen die Kosten in den nächsten 5 Jahren um schätzungsweise 3%. Folgende Tabelle zeigt die Kostenaufstellung:

Tab. 3: Kostenaufstellung der Betriebs- und Instandhaltungskosten (eigene Darstellung)

Jahr	Erhöhung pro Jahr (3%)	Kosten gesamt
1		100.000,00 €
2	3.000 €	103.000,00 €
3	3.090 €	106.090,00 €
4	3.182,70 €	109.272,70 €
5	3.278,18 €	112.500,88 €

Außerdem werden Einnahmen durch die Nutzung der Sporthalle gelistet. Pro Jahr beträgt diese Summe der Einnahmen 12.000 €.

Betrachtet man nun die Abzinsung, kann man diese auf 5 Jahre wie folgt berechnen:

Tab. 4: Aufstellung des Abzinsungsfaktors (eigene Darstellung)

Jahr	Formel	Abzinsungsfaktor
1	$(1+0{,}12)^{-n} = 1{,}12^{-1}$	0,892857143
2	$(1+0{,}12)^{-n} = 1{,}12^{-2}$	0,797193878
3	$(1+0{,}12)^{-n} = 1{,}12^{-3}$	0,711780248
4	$(1+0{,}12)^{-n} = 1{,}12^{-4}$	0,635518078
5	$(1+0{,}12)^{-n} = 1{,}12^{-5}$	0,567426856

Mit Hilfe des Abzinsungsfaktors kann nun aus der Differenz von Einnahmen und Ausgaben der jeweilige Barwert errechnet werden. Folgende Tabelle stellt die Einnahmen und Ausgaben gegenüber, sowie die Berechnung der Barwerte.

Tab. 5: Berechnung der Barwerte (eigene Darstellung)

Jahr	Einnahmen	Ausgaben	Differenz (Einnahmen – Ausgaben)	Abzinsungsfaktor	Barwert
1	62.420,17 €	100.000,00 €	-37.579,83 €	0,8928571 43	--33.553,42 €
2	69.983,19 €	103.000,00 €	-33.016,81 €	0,7971938 78	--26.320,80 €
3	78.680,67 €	106.090,00 €	-27.409,33 €	0,7117802 48	-19.509,42 €
4	88.682,77 €	109.272,70 €	-20.589,93 €	0,6355180 78	-13.085,27 €
5	100.185,19€	112.550,88 €	-12.365,69 €	0,5674268 56	-7.016,63 €
					- 99.485,53 €

Im nächsten Schritt wird der Kapitalwert berechnet. Die Anschaffungsauszahlung wird von der Summe der Barwerte abgezogen:

Kapitalwert= -Anschaffungsauszahlung + (Barwerte Einzahlungen – Barwerte Auszah-
lungen)

= - 3.000.000,00 € + (- 99.485,53 €) = -3.099.485,53 €

Der Kapitalwert beträgt: -3.099.485,53 €

3.2 Auslastungsanalyse einer Sportanlage

Die Auslastungsanalyse betrachtet die tatsächliche Nutzung und die mögliche maximale
Nutzungskapazität. Zu beachten sind hier die beiden Parameter der Nutzungszeig und
Gruppengröße. Es wird eine Soll-Ist-Belegungsdichte festgelegt. Die Ist-Nutzdauer ist
die tatsächlich genutzte Zeit, gemessen in Stunde pro Woche. Die Soll-Nutzdauer ist
somit die zu nutzenden Zeiträume. Bei der Ist-Belegungsdichte wird die Anzahl der
Sportler nach Sportart in einem Zeitraum gemessen, die Soll-Belegungsdichte beschreibt die mögliche Anzahl der gleichzeitig in einem Zeitraum anwesenden Sportler
nach Sportart.

Diese 4 Faktoren sind die Basis für die Auslastungsanalyse (Bach, 2004)

Tab. 6: Belegungsübersicht (eigene Darstellung)

Belegungszeitraum			Belegung			
			Stunden	Sportart	Belegungsdichte	
					Ist	**Soll**
Montag	17:00	18:30	1,5	Handball	14	12
Dienstag	20:00	21:30	1,5	Keine Belegung	0	15
Mittwoch	19:00	21:30	2,5	Basketball	15	20
Donnerstag	20:00	22:00	2,0	Fußball	18	15
Freitag	19:00	20:00	1,0	Badminton	5	15

Ist Nutzungsdauer

Stunden Handball: 1,5 + Stunden Basketball: 2,5 + Stunden Fußball: 2,0 + Stunden
Badminton: 1,0

= 1,5 + 2,5 + 2,0 + 1,0 = 7 Stunden

Soll-Nutzungsdauer

Stunden Handball: 1,5 + Stunden keine Belegung: 1,5 + Stunden Basketball: 2,5 +
Stunden Fußball: 2,0 + Stunden Badminton: 1,0

$= 1,5 + 1,5 + 2,5 + 2 + 1 = 8,5$ Stunden

Ist-Sportler insgesamt

Ist-Sportler Handball: 14 + Ist-Sportler Basketball: 15 + Ist-Sportler Fußball: 18 + Ist-Sportler Badminton: 5

$= 14 + 15 + 18 + 5 = 52$ Ist-Sportler

Soll-Sportler

Soll-Sportler Handball: 12 + Soll-Sportler keine Belegung: 15 + Soll-Sportler Basketball: 20 + Soll-Sportler Fußball: 15 + Soll-Sportler Badminton: 15

$= 12 + 15 + 20 + 15 + 15 = 77$ Soll-Sportler

Ist-Sportlerstunden

Summe (Stunden x Ist-Belegungsdichte) der Sportarten Handball, Basketball, Fußball, Badminton

$= 1,5 \times 14 + 2,5 \times 15 + 2 \times 18 + 5 \times 15$

$= 99,5$ Ist-Sportlerstunden

Soll-Sportlerstunden

Summe (Stunden x Soll-Sportlerstunden) der Sportarten Handball, Basketball, Fußball, Badminton & keine Belegung

$= 1,5 \times 12 + 1,5 \times 15 + 2,5 \times 20 + 2 \times 15 + 5 \times 15$

$= 135,5$ Soll-Sportlerstunden

Auslastung

$=$ Ist Sportlerstunden / Soll Sportlerstunden

$= 99,5h / 135,5h$

$= 73,43\ \%$

Maximale Nutzungskapazität: 83%

Kapazitätsreserve

Differenz aus max. Nutzungskapazität und Auslastung

$= 83\% - 73,43\%$

$= 9,57\%$

3.3 Auslastungsoptimierung

Die geringste Stundenzahl liegt freitags bei einer Stunde. Sofern sich die Belegungszeiträume nicht verändern lassen, sollte hier keine Belegung stattfinden. Zusätzlich müssen die Sportarten Handball und Fußball betrachtet werden, da hier der Ist Wert über dem

Soll Wert liegt. Somit kann man mit der Belegungszuweisung bereits die Auslastung optimieren und die Kapazitätsreserve entsprechend verringern.

Folgender Tausch wird vorgenommen:

- Keine Belegung: Freitags: Somit wird die Halle nur eine Stunde nicht belegt.

- Fußballtraining wird in Zukunft mittwochs stattfinden, da die höchste Sollbelegungsdichte Mittwoch festgesetzt ist und es somit zu keiner Überbelegung kommt.

- Basketball findet stattdessen Donnerstags statt, somit entsteht eine optimale Belegung (Ist=Soll)

- Handball wird auf Dienstag gelegt und Badminton auf Montag. Somit wird beim Badminton die geringste Ist-Belegungsdichte der geringsten Soll-Belegungsdichte angepasst um die kleinste Differenz zu erzielen.

Tab. 7: Belegungsoptimierung (eigene Darstellung)

Belegungszeitraum			Belegung			
			Stunden	Sportart	Belegungsdichte	
					Ist	Soll
Montag	17:00	18:30	1,5	Badminton	5	12
Dienstag	20:00	21:30	1,5	Handball	14	15
Mittwoch	19:00	21:30	2,5	Fußball	18	20
Donnerstag	20:00	22:00	2,0	Basketball	15	15
Freitag	19:00	20:00	1,0	Keine Belegung	0	15

Folgend werden beide Belegungen gegenübergestellt.

Tab. 8: Gegenüberstellung der Belegungen (eigene Darstellung)

	Vor der Optimierung	Nach der Optimierung	Differenz
Ist Nutzungsdauer	7,0	7,5	+0,5
Soll Nutzungsdauer	8,5	8,5	
Ist Sportler	52	52	
Soll Sportler	77	77	
Ist-Sportlerstunden	99,5	103,5	+4,0
Soll-Sportlerstunden	135,5	135,5	
Auslastung	73,43%	76,38%	+2,95%

	Vor der Optimierung	Nach der Optimierung	Differenz
Maximale Nutzungska-pazität	83%	83%	
Kapazitätsreserve	9,57%	6,62%	-2,95%

Insgesamt kann mit diesem Wechsel eine Erhöhung der Auslastung von 2,95% erreicht werden. Entscheidend dafür sind die bessere Nutzung, sowie die Erhöhung der Ist-Nutzungsdauer um 30 Minuten. Überbelegungen wurden vermieden und insgesamt werden mehr Stunden Sport durch dieselbe Anzahl an Sportlern betrieben. Somit wurden dieselben Verfügungszeiten optimaler genutzt – allerdings fehlen im Bereich Badminton noch zu viele Sportler um eine nahezu perfekte Auslastung zu gestalten.

3.4 Nachhaltigkeit von Sportstätten

Auch wenn die Verbindung zwischen Sport und Nachhaltigkeit nicht immer auf den ersten Blick ersichtlich ist, so sind doch zahlreiche vielfältige Verknüpfungen erkennbar. Hierbei kommt dem Raum, in dem der Sport betrieben wird, eine wichtige Rolle zu, sowohl in gesellschaftlicher, wirtschaftlicher als auch ökologischer Hinsicht, wie Abbildung 1 zeigt.

Abb. 3: Drei Dimensionen der Nachhaltigkeit (modifiziert nach Bundesinstitut für Sportwissenschaft)

Im Zuge der Nachhaltigkeit muss zunächst die Gesamtlage betrachtet werden. Steigende Betriebskosten, demografischer Wandel und sich verändernde Sportbedürfnisse sowie ein starker Wettbewerbsdruck innerhalb eines sich entwickelnden Freizeitsportmarktes stellen Kommunen und Sportvereine heute und vor allem in der Zukunft vor große Herausforderungen im Umgang mit Ihren Sportstätten (DOSB, 2007).

Beim Begriff er Nachhaltigkeit müssen vor allem drei grundlegende Aspekte betrachtet werden: Ökonomie, Ökologie und soziale Aspekte. Nicht nur die Umwelt spielt hier eine Rolle sondern auch Finanzen, Ressourcen und deren Verwertung, Zufriedenheit der „Kunden", gesundheitliche Aspekte und Qualitätsmanagement.

Eine Sportstätte nachhaltig zu managen heißt, diese so zu planen und zu betreiben, dass ein möglichst großer Nutzen für den Eigentümer/Betreiber, die Nutzer und die Gesellschaft entsteht, bei gleichzeitiger Vermeidung bzw. kontinuierlicher Reduzierung negativer ökologischer, ökonomischer und sozialer Folgen.

Somit lässt sich ableiten, dass nachhaltiges Sportstättenmanagement den gesamten Lebenszyklus einer Sportstätte betrachtet.

Abb. 4: Lebenszyklus des nachhaltigen Sportstättenmanagements (modifiziert nach DOSB)

Nicht nur die Marktanalyse und Fragen der Finanzierung sondern auch die Bedarfsplanung spielt immer mehr eine zentrale Rolle im nachhaltigen Sportstättenmanagement. Veränderte Sportbedürfnisse, Zunahme an Zielgruppen, Trend zum selbst organisierten Sporttreiben, Weiterentwicklungen im Trendsport und die Vielfalt der Sport- und Bewegungsräume sind wesentliche Punkte die berücksichtigt werden müssen.

In Summe lassen sich somit zentrale Kriterien für eine zukunftsfähige Sportstätte ableiten. Finanzielle Tragfähigkeit, Rechtssicherheit, Offenheit und Erreichbarkeit, Naturnahe und ökologische Gestaltung, intergenerative Ausrichtung, Nutzerfreundlichkeit, Multifunktionalität, Ressourcenschonender Betrieb, Wohlfühlatmosphäre und Partizipation sind entsprechend zentrale Kriterien.

„Die nachhaltigsten Olympischen Spiele sind die, die gar nicht stattfinden".

Ein Beispiel hierfür ist Montreal 1976. Noch 20 Jahre nach den Olympischen Spiele in Kanada zahlen die kanadischen Bürger per Sondersteuer eine Milliarde Dollar an Schulden ab. Finanzprobleme und Planungschaos ließen hier die Kosten in die Höhe schießen (Handelsblatt, 2013).

London wollte 2012 die ersten wirklich nachhaltigen Olympischen Spiele veranstalten. Bei der Vergabe der Olympischen Spiele an London war Nachhaltigkeit bei der erfolgreichen Bewerbung ein zentraler Punkt (WWF). Klimawandel, Biodiversität, Abfallentsorgung, soziale Partizipation und gesundes Leben waren die fünf Grundbausteine des Nachhaltigkeitskonzepts. Auch der CO2-Fußabdruck wurde nicht außer Acht gelassen. Im Nachgang lässt sich jedoch festhalten, dass viele Maßnahmen versucht wurden, die Umsetzung allerdings nicht immer gelungen ist.

Als Beispiel kann man die intelligenten Bauweisen und wiederverwertbaren Materialien aufzeigen. Mit solchen gut durchdachten Konzepten in der Planung und Errichtung konnten die Londoner eine CO2-Reduktion erzielen. Der Nahverkehr wurde zudem ausgebaut und während der Olympischen Spiele wurden mehr als 425 Fahrrad- und 150 Fußwege errichtet die zu den einzelnen Sportstätten führten. Auch hier wurde die Nachhaltigkeit sehr gut durchdacht und umgesetzt.

Ein weiterer Punkt der Nachhaltigkeit und Nutzung der Sportstätten ist zum Beispiel die Austragung der Leichtathletik-Weltmeisterschaft 2017 im Olympiastadion von 2012. Außerdem wurden viele Sportstätten zu Freizeitanlagen umgebaut (Thibaut, 2012). Es wurde also zusätzlich ein Schwerpunkt auf die weitere Nutzung der Sportstätten gelegt. Diese werten soziale Aspekte und die Attraktivität der Stadt auf.

Die Auswertung durch die WWF sieht gespalten aus. Die Müllverwertung sei nicht optimal gelaufen, die Infrastruktur wurde nicht langfristig angelegt und erneuerbare Energien wurden nicht optimal genutzt.

Wie man sieht ist selbst die beste Vorbereitung und das Schreiben von Konzepten in der Theorie relativ einfach, die Umsetzung jedoch gestaltet sich sehr schwierig. Dennoch hat London mit dem Konzept und der Umsetzung Maßstäbe gesetzt, die es für die folgenden Olympischen Spiele zu beachten gilt. Zu 100% nachhaltig kann man Olympische Spiele – im Winter oder Sommer – nicht gestalten. Es gilt zu versuchen die ökologischen, ökonomischen und sozialen Aspekte so gut es geht umzusetzen und die daraus resultierenden Negativ-Folgen so gering wie möglich zu halten.

4   Digitale Vermarktung von Sportanlagen und Sportstätten

Tab. 9: Möglichkeiten der digitalen Vermarktung (eigene Darstellung)

Möglichkeit	Mehrwert Betreiber	Mehrwert Fans	Mehrwert Sponsoren
Erfassung des Digitalen Fingerabdrucks;	- Analyse des Kaufverhaltens der Kunden	- schnelles und einfaches Eintreten in die Halle durch Verkürzung der Einlasszeit	- Durch geringere Wartezeiten vor der Stätte, wird automatisch die Zeit innerhalb
Kunden können sich per Fingerabdruck	- Zugangskontrollen und der Prozess des	zeit	der Sportstätte ver-

Möglichkeit	Mehrwert Betreiber	Mehrwert Fans	Mehrwert Sponsoren
registrieren und persönliche Daten in dem Profil hinterlegen. Das Profil umfasst persönliche Daten, gekaufte Artikel

Beim Einlass, in der Gastronomie und im Verkauf gibt es die Möglichkeit auf Erleichterungen in den jeweiligen Vorgängen | Eintritts wird enorm vereinfacht und schneller
- Merchandising kann somit personalisiert und der gesamte Prozess schneller ablaufen, da der Betreiber weiß was der Kunde bereits gekauft hat und wo seine Vorlieben liegen | - Möglichkeit auf Stammkundenstatus und dadurch verbundene Rabatte
- Wertschätzung als „echter Fan"
- Garantie ohne Kassenzettel bei gekauften Artikel, da im System hinterlegt ist, was wann gekauft wurde
- Möglichkeit ein Kundenkonto zu hinterlegen und somit bargeldlos den Tag zu gestalten | längert, somit ist mehr Zeit für Verkäufe und Kontakt zu Kunden
- Vereinfachte Kundenbetreuung durch das Erkennen der „Stammkunden" und Möglichkeit der Personalisierung |
| Digitalisierung und Nutzungsmöglichkeiten des Internets ausbauen (kostenfreies WLAN) | - Vor der Nutzung des kostenfreien WLANs muss der jeweilige Nutzer die AGBs, etc. akzeptieren und stimmt dem Versand eines Newsletter zu
- Startseite des Browsers in der Nutzung ist immer eine vom Betreiber gewählte Seite, somit generiert der Betreiber automatisch Content und Besucher auf seiner Homepage
- Attraktivität steigt, da WLAN in der heutigen Zeit mehr und mehr kostenfrei wird | - positiver Eindruck durch Minimierung des eigenen Datenvolumen-Verbrauchs und dadurch Kostenreduzierung
- Erreichbarkeit auch in Funklöchern
- Immer auf dem neuesten Stand der Sportanlage
- einfache Nutzung des Social-Media-Contents und somit eine „Win-Win"-Situation für Fan und Betreiber | - Verknüpfung der Sponsoren mit der Startseite nach der Anmeldung der User des WLANs
- Mehr Internet-User, bedeutet mehr Aktivität auf Social-Media-Kanälen und somit auch Produktplazierungen der eigenen Produkte möglich |
| Sportstätten-App
- Navigation zur Sportstätte
- Parkplatzsystem | - Aktuelle News, kommende Events und tagesaktuelle Angebote können in | - einfaches Instrument für Statistiken, News, Rabatte und Angebote | - Möglichkeit als Werbungsplattform
- Platzieren von eigenen Features und |

Möglichkeit	Mehrwert Betreiber	Mehrwert Fans	Mehrwert Sponsoren
- Einlassvorschriften - Ticketbörse - Geländeplan - News, Angebote, Statistiken zu Events und Sportevents	Kürze programmiert werden - Erhöhung der Reichweite und Einsparung von Druckkosten für Flyer oder Programmhefte - Über die App kann direkt mit dem Endkunden kommuniziert werden - Verbreitung der App ist ein Selbstläufer (QR-Code)	- verknüpft mit dem kostenfreien WLAN ein absoluter Mehrwert für den Aufenthalt als „Erlebnis" - App begleitet den Tag von Ankunft bis Abreise und vereinfacht so die Informationsgewinnung	somit Marketing als Selbstläufer - positive Emotionalisierung möglich
Gastronomie-App	- Abfrage von Kundenzufriedenheiten - Verkürzung von Wartezeiten und somit schnellerer Verkauf und mehr Umsatz - Veröffentlichung des Angebots, Tagesangebote und Rabattaktionen	- Übersicht der Angebote, - Bargeldloses Bezahlen möglich - Möglichkeit die Produkte vorzubestellen und somit Wartezeiten und Anstellen zu umgehen	- Plattform für Werbung der Sponsoren - Kundengewinnung durch Emotionalisierung (Essen und Trinken als Product-Placement verwenden) - Rabatt-Aktionen, Gewinnspiele und Kooperationen mit den Gastronomieanbietern möglich (Cross-Selling)

5 Literaturverzeichnis

Bach, L. (2004). Nutzung von Sportstätten –Formen der Nutzung und Analyse der Auslastung. In Landessportbund Hessen(Hrsg.), *Sportstätten-Management. Neue Wege für vereinseigene und kommunale Sportstätten.* Frankfurt: Meyer und Meyer.

Bundesinstitut für Sportwissenschaft (2017). *Leitfaden Nachhaltiger Sportstättenbau – Kriterien für den Neubau nachhaltiger Sporthallen.* Zugriff am 02.06.2020. Verfügbar unter
https://www.bisp.de/SharedDocs/Downloads/Publikationen/sonstige_Publikatio nen_Ratgeber/Leitfaden_Nachhaltiger_Sportst%C3%A4ttenbau.pdf?__blob=pu blicationFile&v=2

Bundesinstitut für Sportwissenschaft (2000). *Leitfaden zur Sportstättenentwicklungsplanung.* (1. erweiterte Aufl.) Bonn

Deutscher Olympischer Sportbund (2007): *Demographische Entwicklung in Deutschland: Herausforderung für die Sportentwicklung. Materialien - Analysen – Positionen.* Frankfurt/M

Thibaut, M. (2012, 13.August). *Was bleibt von London 2012?* Der Tagesspiegel. Zugriff am 04.06.2020. Verfügbar unter https://www.tagesspiegel.de/sport/olympische-spiele-wie-hat-olympia-die-briten-veraendert/6992004-2.html

6 Abbildungs- und Tabellenverzeichnis

6.1 Abbildungsverzeichnis

Abb. 1: Plannet-Diagramm...4
Abb. 2: Ablaufplan nach der Netzplantechnik 4
Abb. 3: Drei Dimensionen der Nachhaltigkeit (modifiziert nach Bundesinstitut für Sportwissenschaft) .. 13
Abb. 4: Lebenszyklus des nachhaltigen Sportstättenmanagements (modifiziert nach DOSB) 14

6.2 Tabellenverzeichnis

Tab. 1: Darstellung der Bauphasen (eigene Darstellung) 3
Tab. 2: Einnahmen durch Sponsoring-Verträge (eigene Darstellung)......................... 8
Tab. 3: Kostenaufstellung der Betriebs- und Instandhaltungskosten (eigene Darstellung) 8
Tab. 4: Aufstellung des Abzinsungsfaktors (eigene Darstellung) 9
Tab. 5: Berechnung der Barwerte (eigene Darstellung) 9

Tab. 6: Belegungsübersicht (eigene Darstellung)... 10
Tab. 7: Belegungsoptimierung (eigene Darstellung) 12
Tab. 8: Gegenüberstellung der Belegungen (eigene Darstellung) 12
Tab. 9: Möglichkeiten der digitalen Vermarktung (eigene Darstellung) 15